Das Betriebsrätegesetz

Handbuch
für den Arbeitgeber

unter besonderer Berücksichtigung
des Verfahrens bei
Einstellung und Entlassung

von

Rechtsanwalt Claren
Syndikus
des Arbeitgeberverbandes kaufmännischer
Grossbetriebe in Köln
und
des Arbeitgeberverbandes für das Zeitungsgewerbe
Landesverband Rheinland

Bonn 1920
A. Marcus & E. Webers Verlag

Inhaltsverzeichnis.

Seite

I. Arten der Arbeitnehmer, Wahlberechtigung und Wählbarkeit, Berechnung der Arbeitnehmerzahl 5
II. Arten der Betriebsvertretung 6
III. Zusammensetzung des Betriebsrates, des Angestellten- und Arbeiterrates 7
IV. Mitwirkung des Arbeitgebers bei der Wahl der Betriebsvertretung 8
V. Aufgaben, Rechte und Pflichten des Betriebsrates und des Arbeitgebers 9
VI. Aufgaben, Rechte und Pflichten des Angestelltenrates und Arbeiterrates und des Arbeitgebers 11
VII. Aufgaben, Rechte und Pflichten des Betriebsobmannes . 13
VIII. Dienstvorschrift und Arbeitsordnung 14
IX. Einstellung und Entlassung:
  A. Einstellung 16
  B. Entlassung 17
    a) Verfahren bei Entlassung von Arbeitnehmern, die nicht Mitglied einer Betriebsvertretung sind . . . 18
    b) Verfahren bei Entlassung von Mitgliedern der Betriebsvertretung 20
    c) Arbeitsstreckung und Entlassung infolge teilweiser oder gänzlicher Stillegung des Betriebes 21
X. Die Geschäftsführung der Betriebsvertretung und ihre Verhandlungen mit dem Arbeitgeber 22
XI. Betriebsversammlung 24
XII. Erlöschen der Mitgliedschaft in den Betriebsvertretungen und das Verfahren bei Verletzung der gesetzlichen Pflichten seitens der Mitglieder einer Betriebsvertretung 24
XIII. Arbeitgeber- und Arbeitnehmerverbände 25
XIV. Verfahren bei Streitigkeiten 26
XV. Strafbestimmungen 27

VORWORT.

Das Gesetz über die Betriebsräte, in Kraft getreten durch Verkündung im Reichsgesetzblatt am 9. Februar 1920, hat eine große Anzahl von Kommentaren veranlaßt, die aber zum Gebrauch des Arbeitgebers ungeeignet sind. Schon die Wiedergabe des Textes des Gesetzes ergibt zu den einzelnen den Arbeitgeber betreffenden Fragen kein geschlossenes Bild, denn für die Praxis zueinander gehörende Bestimmungen sind oft an zahlreichen entlegenen Gesetzesstellen verstreut. Erst recht ist es für den Arbeitgeber unmöglich, sich aus der umfangreichen Erläuterung des Textes das Wesentliche für den jeweiligen Fall herauszusuchen. Dazu kommen viele für den Laien offene Fragen, die erst durch Auslegung und Ergänzung aus Bestimmungen anderer Gesetze zu beantworten sind. Alles in allem darf man wohl das Betriebsrätegesetz in bezug auf Sprache und Aufbau als Schulbeispiel für die Mängel anführen, die schon seit vielen Jahren gerügt worden sind. Gerade dieses Gesetz hätte die neue Zeit zu einem vorbildlichen Volksgesetz stempeln sollen, statt ein Machwerk zu schaffen, das in seiner vorliegenden Art für das Volk unverständlich bleiben muß und zum Hineintragen eigener Ideen, zu mißverständlicher Auslegung und zu Meinungsverschiedenheiten die breiteste Grundlage abgibt.

Bei dieser Sachlage bezweckte die Abhandlung, eine für den Gebrauch des Arbeitgebers alles Wesentliche zusammentragende E i n f ü h r u n g in das Betriebsrätegesetz zu bieten; sie soll die Kenntnis des gesetzlichen Rahmens vermitteln, innerhalb dessen sich die gemeinschaftliche Arbeit mit der Betriebsvertretung zu halten hat. Die Behandlung wichtiger Einzelfragen muß der jeweiligen besonderen Erörterung mit dem Arbeitgeberverbande vorbehalten bleiben; in zahlreichen Fragen ist die Rechtslage noch völlig unklar; bedeutende Kommentare vertreten zu einzelnen Bestimmungen gegensätzliche Auffassungen. Es wird Aufgabe des Arbeitgeberverbandes sein, besondere Fragen von allgemeiner Bedeutung in den laufenden Rundschreiben zu erörtern und damit die Kenntnis des Gesetzes über den Inhalt dieser Abhandlung hinaus zu erweitern. Kenntnis der gesetzlichen Bestimmungen und ihre strengste Beachtung ist für die Wahrung der Stellung und des Ansehens des Arbeitgebers im Betriebe unerläßlich. Wir stehen in einer Entwicklung, in welcher es sich entscheidet, ob der Unternehmerstand erhalten bleibt oder zugrunde geht. Nicht gute Geschäfte halten die Verdrängung des Unternehmers auf, sondern die Wahrung seiner entscheidenden Stellung in der Wirtschaft und gegenüber der Arbeitnehmerschaft. Diese vermehrt zur tätigen und verantwortlichen Mitarbeit heranzuziehen ist die Aufgabe unserer Zeit, aber die Selbständigkeit des Unternehmers muß zum Nutzen des deutschen Wirtschaftslebens und der deutschen Zukunft gewahrt bleiben.

Köln, im Mai 1920.

Gerhard Claren
Rechtsanwalt
beim Amts- und Landgericht zu Köln.

I. Arten der Arbeitnehmer, Wahlberechtigung und Wählbarkeit; Berechnung der Arbeitnehmerzahl.

Die Art, Zusammensetzung und Befugnis der Betriebsvertretungen richtet sich nach der Art der Arbeitnehmer, ihrer Wahlberechtigung, Wählbarkeit und Anzahl.

1. Das Gesetz teilt die Arbeitnehmer in **Angestellte und Arbeiter**. (Familienangehörige des Arbeitgebers sind ausgenommen.)

   Angestellte sind Arbeitnehmer, welche eine Beschäftigung nach § 1 Abs. 1 des Versicherungsgesetzes für Angestellte gegen Entgelt ausüben*); ferner gelten als Angestellte die Lehrlinge und sogenannten Büroangestellten**). Nicht Angestellte sind: Gesetzliche Vertreter einer Gesellschaft, Geschäftsführer und solche Betriebsleiter, die selbständig zur Einstellung und Entlassung berechtigt sind oder Prokura oder Generalvollmacht besitzen, ferner auch Volontäre. **Arbeiter** sind alle übrigen gegen Entgelt tätigen Arbeitnehmer. Eine Untergattung bilden Hausgewerbetreibende ***).

2. **Wahlberechtigt** sind alle Arbeitnehmer über 18 Jahre, also auch Lehrlinge dieses Alters.

   Wählbar sind die Arbeitnehmer über 24 Jahre, welche 6 Monate in dem Betriebe und 3 Jahre in dem betreffenden Berufszweig tätig sind. Ist unter den über 24 Jahre alten Arbeitnehmern die für die Betriebsvertretung gemäß Abschnitt III erforderliche Anzahl nicht vorhanden, so kann von der Bedingung sechsmonatlicher Betriebsangehörigkeit, nötigenfalls auch von der Bedingung dreijähriger Berufsangehörigkeit abgesehen werden. Ist eine ausreichende Anzahl Arbeitnehmer vorhanden, welche alle drei Bedingungen erfüllen, so sind nur diese wählbar.

3. Die **Anzahl der Arbeitnehmer** ist für die Frage, ob ein Betriebsrat zu errichten ist, ohne Rücksicht auf ihre Wahlberechtigung oder Wählbarkeit zu berechnen. Lehrlinge sind mitzuzählen. Hausgewerbetreibende sind nicht mitzuzählen, wenn für sie ein besonderer Betriebsrat gewählt wird ****). Ist kein

---

*) d. h. Handlungsgehilfen, Angestellte in leitender Stellung, Betriebsbeamte, Werkmeister und dergl.

**) d. h. mit niederen oder lediglich mechanischen Dienstleistungen beschäftigte Personen.

***) d. h. Arbeiter, die hauptsächlich für denselben Betrieb Hausarbeit verrichten, soweit sie selbst keine Arbeitnehmer beschäftigen.

****) Siehe Abschnitt II 1 b.

Betriebsrat zu errichten, so sind zur Entscheidung der Frage, ob ein Betriebsobmann zu wählen ist, nur die wahlberechtigten Arbeitnehmer zu berechnen.

Es ist im allgemeinen nur diejenige Zahl von Arbeitnehmern zu rechnen, welche in der Regel beschäftigt wird. Gelegentliche geringe Abweichungen vorübergehender Art bleiben unberücksichtigt.

II. Arten der Betriebsvertretung.*)

Betriebsvertretungen sind: Betriebsrat, Angestelltenrat, Arbeiterrat, Betriebsausschuß, Gesamtbetriebsrat, Betriebsobmann.

1. **Betriebsrat.** Er ist zu errichten:
   a) in Betrieben mit mindestens 20 Arbeitnehmern, von denen wenigstens 3 wählbar sind;
   b) in Betrieben mit mindestens 20 Hausgewerbetreibenden zu deren auschließlicher Sondervertretung.

   Nebenbetriebe in der gleichen Gemeinde oder in nahe beieinanderliegenden Gemeinden sind dem Hauptbetrieb zuzurechnen.
2. **Angestelltenrat und Arbeiterrat.** Sie sind als Sondervertretung der Angestellten und Arbeiter in allen Betrieben, in deren Betriebsrat Arbeiter und Angestellte vertreten sind, zu errichten.
3. **Betriebsausschuß.****) Er ist neben dem Betriebsrat zu errichten, wenn dieser 9 oder mehr Mitglieder zählt.
4. **Gesamtbetriebsrat.****) Mehrere gleichartige oder nach dem Betriebszweck zusammengehörige Betriebe eines Eigentümers können, wenn sie sich innerhalb einer Gemeinde oder wirtschaftlich zusammenhängenden, nahe beieinanderliegenden Gemeinden befinden, neben den Einzelbetriebsräten einen Gesamtbetriebsrat wählen. Es kann auch in diesem Falle an Stelle der Einzelbetriebsräte ein gemeinsamer Betriebsrat gewählt werden.
5. **Betriebsobmann.** Er ist zu wählen:
   a) in Betrieben mit weniger als 20 Arbeitnehmern, von denen jedoch wenigstens 5 wahlberechtigt und 3 wählbar sind;

*) Wo weiterhin in dieser Schrift die Bezeichnung „Betriebsvertretung" gebraucht ist, wird darunter stets diejenige Art der Betriebsvertretung verstanden, welche gerade für den betreffenden Betrieb zuständig ist.

**) Auf diese Arten der Betriebsvertretung kann wegen ihrer Seltenheit im Rahmen dieser Schrift nicht näher eingegangen werden.

b) in Betrieben mit mehr als 20 Arbeitnehmern, in denen die für den grundsätzlich zuständigen Betriebsrat erforderliche Mindestzahl von 3 wählbaren Arbeitnehmern nicht vorhanden ist.

Bei je 5 wahlberechtigten Angestellten und Arbeitern kann je ein Betriebsobmann für jede Gruppe gewählt werden. Für alle übrigen Betriebe kommt **keine Betriebsvertretung** in Betracht.

III. Zusammensetzung des Betriebsrates, des Angestellten- und Arbeiterrates.

1. Betriebsrat.

Die Anzahl der Mitglieder beträgt:

bei	20— 49	Arbeitnehmern	3 Mitglieder
„	50— 99	„	5 „
„	100—199	„	6 „
„	200—399	„	7 „ usw.

Die Anzahl der Vertreter der Angestelltenschaft und Arbeiterschaft richtet sich nach der Anzahl der Angehörigen dieser Arbeitnehmerarten. Das Verhältnis ist folgendem Beispiel gemäß zu ermitteln. Der Betrieb hat:

40 Angestellte
30 Arbeiter
70 Arbeitnehmer

Die Anzahl der Sitze im Betriebsrat ist demnach 5, so daß 70 : 5 = 14 Arbeitnehmern ein Sitz zusteht; es erhalten die Angestellten 40 : 14 = 2, die Arbeiter 30 : 14 = 2 Sitze; es bleibt demnach bei den Angestellten ein Rest von 12, bei den Arbeitern ein Rest von 2 unvertretenen Arbeitnehmern; der freie 5. Sitz steht den Angestellten zu, weil sie die meisten noch unvertretenen Arbeitnehmer stellen

Minderheitsgruppe.

Sie erhält nur dann keine Vertretung, wenn sie weder 5 Arbeitnehmer noch $^{1}/_{20}$ der gesamten Arbeitnehmerschaft zählt. In den anderen Fällen erhält sie wenigstens ein Mitglied, bei 50—299 Gruppenangehörigen 2 Mitglieder usw.

Beispiel:

34 Angestellte
6 Arbeiter
40 Arbeitnehmer : 3 = 13 Arbeitnehmer haben Anspruch auf einen Sitz; 34 : 13 = 2 Sitze für die Angestellten; 6 : 13 = 0, also keinen Sitz

für die Arbeiter; trotzdem die Angestelltenschaft die größte Anzahl unvertretener Arbeitnehmer aufweist, muß sie ihren Sitz der Minderheitsgruppe überlassen.

2. **Angestelltenrat und Arbeiterrat.**

Dieselben werden gebildet durch die Angestelltenmitglieder und Arbeitermitglieder des Betriebsrates. Hierzu treten so viele Ergänzungsmitglieder hinzu, als die Angestellten und Arbeiter, wenn jede Gruppe für sich allein einen Betriebsrat wählen würde, gemäß Abschnitt III 1 mehr Mitglieder zu wählen berechtigt wäre.

Beispiel: 30 Angestellte
10 Arbeiter
40 Arbeitnehmer.

Den Betriebsrat bilden 2 Angestellte und 1 Arbeiter. — 30 Angestellte würden für sich allein einen Betriebsrat von 3 Mitgliedern beanspruchen können; es ist demnach für den Angestelltenrat ein Ergänzungsmitglied zuzuwählen. Den Arbeiterrat bildet das eine Mitglied aus dem Betriebsrat.

IV. Mitwirkung des Arbeitgebers bei der Wahl der Betriebsvertretung.

Die Wahlen zu den Betriebsvertretungen erfolgen auf ein Jahr. Wiederwahl ist zulässig.

Der Betriebsrat hat 4 Wochen vor Ablauf der Wahlzeit einen aus 3 Wahlberechtigten bestehenden Wahlvorstand für die Neuwahl zu bestimmen. Kommt er seiner Verpflichtung nicht nach, so hat der Arbeitgeber bei Vermeidung schwerer Bestrafung einen Wahlvorstand zu bestimmen. Er muß hierzu die 3 ältesten Wahlberechtigten ernennen, jedoch müssen in Betrieben mit Angestellten und Arbeitern beide Gruppen vertreten sein.

Das Gleiche gilt, wenn ein Betrieb neu errichtet wird oder wenn die Voraussetzungen für die Errichtung eines Betriebsrates in einem Betriebe eintreten, wo dies bis dahin nicht der Fall war.

Ebenfalls gilt das Gleiche für Betriebe mit einem Betriebsobmann bezw. zwei Betriebsobleuten; an Stelle der vierwöchigen tritt jedoch eine einwöchige Frist und an Stelle des Wahlvorstandes ein Wahlleiter, und zwar der älteste Arbeitnehmer bei der Wahl eines gemeinsamen Betriebsobmannes, der älteste Angestellte bezw. Arbeiter bei der Wahl von Obleuten für jede Gruppe.

Weiterer Einwirkung auf die Wahl hat der Arbeitgeber sich bei Strafe zu enthalten.*) Eine gesetzwidrige Betriebsvertretung ist jedoch nicht zu dulden; der Arbeitgeber ist berechtigt, durch Beschwerde beim Bezirkswirtschaftsrat bezw. dessen Ersatzbehörde (siehe Abschnitt XIV) die Abstellung der Gesetzwidrigkeit während des zweiwöchigen Aushangs des Wahlergebnisses zu veranlassen.

V. Aufgaben des Betriebsrates, Rechte und Pflichten des Betriebsrates und des Arbeitgebers.

A. Die Aufgabe des Betriebsrates ist die Wahrnehmung der gemeinsamen wirtschaftlichen Interessen der Arbeitnehmer gegenüber dem Arbeitgeber und die Unterstützung des Arbeitgebers in der Erfüllung der Betriebszwecke.

Er hat im einzelnen die Aufgabe:

1. in Betrieben mit wirtschaftlichen Zwecken die Betriebs leitung durch **Rat** zu unterstützen, um dadurch mit ihr für einen möglichst hohen Stand und für möglichste Wirtschaftlichkeit der Betriebsleistungen zu sorgen (siehe C 2);
2. in Betrieben mit wirtschaftlichen Zwecken an der Einführung neuer Arbeitsmethoden fördernd mitzuarbeiten (siehe C 2);
3. den Betrieb vor Erschütterungen zu bewahren, insbesondere bei Streitigkeiten des Betriebsrates, der Arbeitnehmerschaft, einer Gruppe oder eines ihrer Teile mit dem Arbeitgeber, wenn durch Verhandlungen keine Einigung zu erzielen ist, den Schlichtungsausschuß oder eine vereinbarte Einigungs- oder Schiedsstelle anzurufen;
4. darüber zu wachen, daß die in Angelegenheiten des gesamten Betriebes von den Beteiligten **anerkannten** Schiedssprüche eines Schlichtungsausschusses oder einer vereinbarten Einigungs- oder Schiedsstelle durchgeführt werden;
5. für die Arbeitnehmer gemeinsame Dienstvorschriften und Änderungen derselben im Rahmen der geltenden Tarifverträge mit dem Arbeitgeber zu vereinbaren (Näheres siehe Abschnitt VIII);
6. das Einvernehmen innerhalb der Arbeitnehmerschaft sowie zwischen ihr und dem Arbeitgeber zu fördern und für Wahrung der Vereinigungsfreiheit der Arbeitnehmerschaft einzutreten;

*) Auf das Wahlverfahren wird daher im Rahmen dieser Schrift nicht eingegangen. Bei Zweifeln über die Gesetzmäßigkeit einer Betriebsvertretung wende man sich an den Arbeitgeberverband.

7. Beschwerden des Arbeiter- und Angestelltenrates entgegenzunehmen und auf ihre Abstellung in gemeinsamer Verhandlung mit dem Arbeitgeber hinzuwirken;
8. auf die Bekämpfung der Unfall- und Gesundheitsgefahren im Betriebe zu achten, die Gewerbeaufsichtsbeamten und die sonstigen in Betracht kommenden Stellen bei dieser Bekämpfung durch Anregungen, Beratung und Auskunft zu unterstützen sowie auf die Durchführung der gewerbepolizeilichen Bestimmungen und der Unfallverhütungsvorschriften hinzuwirken;
9. an der Verwaltung von Pensionskassen und Werkswohnungen sowie sonstiger Betriebswohlfahrtseinrichtungen mitzuwirken, bei letzteren jedoch nur, sofern nicht bestehende, für die Verwaltung maßgebende Satzungen oder bestehende Verfügungen von Todes wegen eine anderweitige Vertretung der Arbeitnehmer vorsehen;
10. in Unternehmungen, für die ein Aufsichtsrat besteht, nach Maßgabe eines noch zu erlassenden Gesetzes*) ein oder zwei Mitglieder in den Aufsichtsrat mit Sitz und Stimme zu entsenden, um die Interessen und Forderungen der Arbeitnehmer sowie deren Ansichten und Wünsche hinsichtlich der Organisation des Betriebes zu vertreten.

B. Weiterhin **kann** der Betriebsrat:

1. vom Arbeitgeber Aufschluß über alle den Dienstvertrag und die Tätigkeit der Arbeitnehmer berührenden Betriebsvorgänge sowie die Vorlage der Lohnbücher und der zur Durchführung von bestehenden Tarifverträgen erforderlichen Unterlagen verlangen, jedoch **nur insoweit,** als dies zur Erfüllung einer ihm nach dem Gesetze zugewiesenen Aufgabe notwendig ist und soweit dadurch keine Betriebs- oder Geschäftsgeheimnisse gefährdet werden und gesetzliche Bestimmungen nicht entgegenstehen;**)
2. in Betrieben mit 300 Arbeitnehmern **oder** 50 Angestellten vom 1. 1. 1921 ab nach Maßgabe eines hierüber zu erlassenden Gesetzes***) die Vor-

---

*) Solange das Gesetz nicht erlassen ist, fällt dieses Recht fort.

**) Ob die einschränkenden Voraussetzungen der Verpflichtung zur Auskunfterteilung vorliegen, hat der Arbeitgeber zu entscheiden. Erachtet er dieselben als gegeben, so kann ein behördlicher Zwang auf Auskunfterteilung über die betreffende Frage nicht erfolgen.

***) Sollte dies Gesetz bis 1. 1. 1921 nicht erlassen sein, so ist eine den Vorschriften des Handelsgesetzbuches entsprechende Bilanz nebst Gewinn- und Verlustrechnung vorzulegen. Ein Anspruch auf Vorlage von Bilanzunterlagen besteht nicht.

lage und Erläuterung einer Betriebsbilanz und einer Betriebs-, Gewinn- und Verlustrechnung für das verflossene Geschäftsjahr spätestens innerhalb 6 Monaten nach Ablauf des Geschäftsjahres verlangen.

C. **Pflichten des Betriebsrates***), soweit sie sich nicht aus A ergeben:

1. Der Betriebsrat hat dahin zu wirken, daß von beiden Seiten Maßnahmen und Forderungen unterlassen werden, die das Gemeininteresse schädigen.
2. Er hat Eingriffe in die Betriebsleitung durch selbständige Anordnungen zu unterlassen.
3. Die Mitglieder des Betriebsrates haben über die ihnen gemachten „vertraulichen"**) Angaben Stillschweigen zu bewahren. Bei Verletzung dieser Pflicht kann der Arbeitgeber die Aberkennung der Mitgliedschaft im Betriebsrate erwirken (siehe Abschnitt XII). Ferner gibt die Verletzung der Schweigepflicht dem Arbeitgeber das Recht der sofortigen Entlassung aus wichtigem Grunde und zur Stellung des Antrages auf Bestrafung durch das ordentliche Gericht (siehe Abschnitt XV).

D. **Pflichten des Arbeitgebers,** soweit sie sich nicht aus A und B ergeben:

1. Er hat vierteljährlich dem Betriebsrat einen Bericht über die Lage und den Gang des Unternehmens und des Gewerbes im allgemeinen, sowie über die Leistungen des Betriebes und den zu erwartenden Arbeitsbedarf im besonderen zu erstatten.***)
2. Er hat ein vom Betriebsrat bestimmtes Mitglied bei Unfalluntersuchungen, die vom Arbeitgeber, dem Gewerbeaufsichtsbeamten oder sonstigen in Betracht kommenden Stellen im Betriebe vorgenommen werden, zuzuziehen.

VI. Aufgaben, Rechte und Pflichten des Angestelltenrates und Arbeiterrates.

A. **Die Aufgabe des Angestellten- und Arbeiterrates** ist die Wahrnehmung der besonderen wirtschaftlichen Interessen ihrer Arbeitnehmergruppe gegenüber dem Arbeitgeber.

Sie haben im einzelnen die Aufgabe:

---

*) Siehe hierzu Abschnitt XII.

**) Die betr. Angaben sind vom Arbeitgeber ausdrücklich als „vertraulich" zu bezeichnen.

***) Mündliche Berichterstattung genügt. Eine behördliche Anordnung über den näheren Inhalt und Umfang des Berichtes kann nicht erfolgen.

1. darüber zu wachen, daß in dem Betriebe die zugunsten der Arbeitnehmer gegebenen **gesetzlichen** Vorschriften und die maßgebenden Tarifverträge sowie die von den Beteiligten **anerkannten** Schiedssprüche eines Schlichtungsausschusses oder einer vereinbarten Einigungs- oder Schiedsstelle durchgeführt werden;
2. soweit eine tarifvertragliche Regelung nicht besteht, im Benehmen mit den beteiligten wirtschaftlichen Vereinigungen der Arbeitnehmer bei der Regelung der Löhne und sonstigen Arbeitsverhältnisse mitzuwirken*), namentlich auch
   bei der Festsetzung der Akkord- und Stücklohnsätze oder der für ihre Festsetzung maßgebenden Grundsätze,
   bei der Einführung neuer Löhnungsmethoden,
   bei der Festsetzung der Arbeitszeit, insbesondere bei Verlängerungen und Verkürzungen der regelmäßigen Arbeitszeit,
   bei der Regelung des Urlaubs der Arbeitnehmer und
   bei Erledigung von Beschwerden über die Ausbildung und Behandlung der Lehrlinge im Betriebe;
3. die Arbeitsordnung oder sonstige Dienstvorschriften für eine Gruppe der Arbeitnehmer im Rahmen der geltenden Tarifverträge mit dem Arbeitgeber zu vereinbaren (Näheres siehe Abschnitt VIII);
4. Beschwerden zu untersuchen und auf ihre Abstellung in gemeinsamer Verhandlung mit dem Arbeitgeber hinzuwirken;
5. in Streitfällen den Schlichtungsausschuß oder eine vereinbarte Einigungs- oder Schiedsstelle anzurufen, wenn der Betriebsrat die Anrufung ablehnt;
6. auf die Bekämpfung der Unfall- und Gesundheitsgefahren seiner Gruppe im Betriebe zu achten, die Gewerbeaufsichtsbeamten und die sonstigen in Betracht kommenden Stellen bei der Bekämpfung durch Anregungen, Beratung und Auskunft zu unterstützen sowie auf die Durchführung der gewerbepolizeilichen Bestimmungen und Unfallverhütungsvorschriften hinzuwirken;
7. bei Kriegs- und Unfallbeschädigten für eine ihren Kräften und Fähigkeiten entsprechende Beschäftigung durch Rat, Anregung, Schutz und Vermittlung bei

*) Diese Vorschrift kommt für den Arbeitgeber, der einem Arbeitgeberverbande angehört, nicht in Betracht, da diese Regelung einheitlich seitens des Verbandes erfolgt.

dem Arbeitgeber und den Mitarbeitnehmern tunlichst Sorge zu tragen;

8. mit dem Arbeitgeber Richtlinien über die Einstellung von Arbeitnehmern der Gruppe in dem Betriebe zu vereinnahmen (Näheres siehe Abschnitt IX);
9. bei Entlassung von Arbeitnehmern der Gruppe mitzuwirken (Näheres siehe Abschnitt IX).

B. **Pflichten des Angestellten- und Arbeiterrates.**

Es gilt hier das Gleiche wie in V C 1—3 ausgeführt. Eine Pflicht des Arbeitgebers zu „vertraulichen" Mitteilungen an den Angestellten- und Arbeiterrat besteht nicht; soweit solche Mitteilungen im Rahmen der übrigen gesetzlichen Aufgaben des Angestellten- und Arbeiterrates erforderlich werden sollten und die Mitteilungen vom Arbeitgeber als „vertraulich" ausdrücklich bezeichnet werden, besteht auch für die Mitglieder des Angestellten- und Arbeiterrates die gleiche Pflicht zur Geheimhaltung wie für die Mitglieder des Betriebsrates. In diesem Falle würde demnach eine Pflichtverletzung auch die unter V C 3 angegebenen Folgen nach sich ziehen.

VII. Aufgaben, Rechte und Pflichten des Betriebsobmannes.

Der Betriebsobmann hat die Aufgaben und Befugnisse, die nach Abschnitt V A Ziffer 1—9, B Ziffer 1 dem Betriebsrat und nach Abschnitt VI Ziffer 1—7 dem Angestelltenrat und Arbeiterrat zustehen. Ist je ein Betriebsobmann für die Angestellten und Arbeiter gewählt, so stehen die in Betrieben mit Betriebsrat diesem zustehenden Aufgaben und Befugnisse (Abschnitt V A 1—9, B 1) nur beiden Betriebsobleuten gemeinsam, dagegen die in solchen Betrieben dem Angestellten- und Arbeiterrat zustehenden Aufgaben und Befugnisse (Abschnitt VI 1—7) jedem Betriebsobmann für seine Gruppe zu.

Das Vorstehende gilt auch für die Pflichten des Betriebsrates gemäß Abschnitt V C und die Pflichten des Arbeitgebers gemäß Abschnitt V D.

Hiernach kommen die Bestimmungen über Vereinbarung von Richtlinien über die **Einstellung** von Arbeitnehmern — und demzufolge die Mitwirkung bei der Einstellung — sowie die Mitwirkung bei der **Entlassung,** schließlich auch gegebenenfalls die Mitwirkung im Aufsichtsrate für den **Betriebsobmann** bezw. **die Betriebsobleute** nicht in Betracht.*)

*) Näheres hierüber siehe Abschnitt IX.

VIII. Dienstvorschrift und Arbeitsordnung.

Gemäß Abschnitt V 5 hat der Betriebsrat für die Arbeitnehmer gemeinsame Dienstvorschriften, gemäß Abschnitt VI 3 haben der Angestellten- und Arbeiterrat eine Arbeitsordnung oder Dienstvorschriften für ihre Gruppe im Rahmen der geltenden Tarifverträge mit dem Arbeitgeber zu vereinbaren.

A. Inhalt der Dienstvorschrift und Arbeitsordnung.

Die mit dem Betriebsrat zu vereinbarende Dienstvorschrift soll Bestimmungen enthalten, welche allgemeiner Natur sind und für alle Arbeitnehmer in Betracht kommen.

Die Arbeitsordnung oder Dienstvorschrift.

Die mit dem Angestellten- bezw. Arbeiterrat zu vereinbarende **Arbeitsordnung** oder Dienstvorschrift **muß** über die in § 134 der Gewerbeordnung angegebenen Punkte Bestimmungen treffen*); sie braucht sich aber nicht auf das gesetzliche Mindestmaß zu beschränken; es kann vielmehr zweckmäßig sein, von der Möglichkeit zur Festlegung von Vorschriften über die Ordnung und das Verhalten gerade der betreffenden Arbeitnehmergruppe im Betriebe weitergehenden Gebrauch zu machen. Die Arbeitsordnung darf jedoch keinesfalls zur Aufgabe irgendwelcher Rechte des Arbeitgebers führen, vielmehr ist als Grundsatz zu beachten, daß der bestehende Zustand in bestimmter, für beide Teile maßgebender Form festzulegen ist.

Soweit die bisherige Arbeitsordnung vor dem 1. Januar 1919 erlassen ist, ist der Arbeitgeber verpflichtet, bis zum 1. September 1920 eine neue Arbeitsordnung zu erlassen. Innerhalb dieser Frist beabsichtigt das Reichsarbeitsministerium ein zur allgemeinen Anwendung passendes Muster einer Arbeitsordnung herauszugeben.

Vorläufige Anhaltspunkte für den Inhalt ergibt folgende Aufstellung:

1. **Muß**bestimmungen über:
   a) Umfang und Ende der regelmäßigen Arbeitszeit sowie der Pausen;
   b) Zeit und Art der Abrechnung und Lohnzahlung;
   c) die Frist der zulässigen Aufkündigung sowie die Gründe, aus denen Entlassung und Austritt ohne

*) Diese Bestimmungen sind unten bei 1 angegeben.

Kündigung erfolgen darf, soweit es nicht bei den gesetzlichen Bestimmungen bewenden soll*);

d) sofern Ordnungsstrafen vorgesehen werden: über deren Art und Höhe, Einziehung der Geldstrafen und Angabe des Zweckes ihrer Verwendung**);

e) die für die Gesundheit der Arbeiter zu treffenden Maßnahmen in besonders gefährdeten Betrieben, wie Buchdruckereien, Schriftgießereien u. a.

2. **Kann**bestimmungen über:

a) Gehorsam und Achtung gegenüber den Vorgesetzten und ordnungsmäßiges Benehmen in den Betriebsräumen;

b) Angabe jeden Wechsels in den Personalien und der Wohnung;

c) Verhalten bei Verspätungen, in Krankheitsfällen und bei Wiederaufnahme der Arbeit nach der Krankheit;

d) Pflicht gegenseitiger Vertretung bei Arbeitsversäumnis infolge Krankheit und dgl.;

e) friedliches Zusammenarbeiten;

f) Kleiderablage;

g) Einnahme von Mahlzeiten in den Pausen;

h) Verbot der Mitnahme von Betriebsmaterial, Ausweis hierüber bei Eintritt und Verlassen des Betriebes;

i) sparsame Benutzung der Heiz-, Beleuchtungs- und anderer Betriebseinrichtungen;

k) Pflicht zur Abwendung von Nachteilen, die dem Unternehmen drohen;

l) Empfang von Besuch, Benutzung des Fernsprechers zu Privatgesprächen;

m) Annahme oder Zurückweisung der für die Arbeitnehmer bei der Arbeitsstätte ankommenden Briefe;

n) Pflichtvernachlässigung, Betrunkenheit usw.

Zur Beratung über den Inhalt der Dienstvorschrift und Arbeitsordnung ist die Geschäftsstelle des Arbeitgeberverbandes zuzuziehen.

---

*) Es kann z. B. für Angestellte statt der gesetzlichen Kündigungsfrist — 6 Wochen zum Quartalsschluß — die beiderseitige einmonatige Kündigungsfrist festgesetzt werden.

**) Die Strafen sind vom Arbeitgeber und dem Betriebsrat gemeinsam festzusetzen. In Streitfällen entscheidet der Schlichtungsausschuß. Strafgelder müssen zum Besten der Arbeitnehmer des Betriebes verwendet werden.

B. Verfahren für den Erlaß der Dienstvorschrift und Arbeitsordnung.

Der Arbeitgeber hat den Entwurf aufzustellen und dem Betriebsrat, wenn die Vorschriften alle Arbeitnehmer gemeinsam, — dem Angestellten- bezw. Arbeiterrat, wenn die Vorschriften nur eine Gruppe Arbeitnehmer betreffen, vorzulegen. Bei Meinungsverschiedenheiten ist mit der zuständigen Betriebsvertretung im Rahmen der Geschäftsordnung zu verhandeln. Soweit eine Einigung nicht zustande kommt, trifft der Schlichtungsausschuß eine bindende Entscheidung; seine Entscheidung über Arbeitsdauer ist jedoch nicht bindend.

Nach erfolgter übereinstimmender Festlegung zwischen dem Arbeitgeber und der zuständigen Betriebsvertretung ist die Ordnung mit der Unterschrift des Arbeitgebers und des Vorsitzenden der zuständigen Betriebsvertretung versehen im Betriebe durch Aushang bekannt zu machen. Hiermit ist die Ordnung erlassen und tritt ohne weiteres in Geltung. Innerhalb 3 Tagen nach Erlaß ist die Ordnung der unteren Verwaltungsbehörde — zurzeit dem zuständigen Gewerbeinspektor — einzureichen. Dieser kann bei Mängeln in bezug auf die Gesetzmäßigkeit und Vollkommenheit die Abänderung oder Einziehung verfügen. Weigern Arbeitgeber oder Betriebsvertretung die Anerkennung der Verfügung, so ist die mangelnde Zustimmung durch Schiedsspruch des Schlichtungsausschusses zu ersetzen.

IX. Einstellung und Entlassung.

Einstellung und Entlassung erfolgen ausschließlich durch den Arbeitgeber; der Betriebsvertretung bezw. dem Arbeitnehmer steht nur das Recht des Einspruchs in gewissen Fällen zu.

A. **Einstellung.** Gemäß Abschnitt VI 8 hat der Angestellten- bezw. Arbeiterrat mit dem Arbeitgeber **Richtlinien über die Einstellung** von Arbeitnehmern zu vereinbaren.*)

Die Richtlinien **müssen** bestimmen, daß die Einstellung eines Arbeitnehmers nicht von seiner politischen, militärischen, konfessionellen oder gewerkschaftlichen Betätigung, von der Zugehörigkeit oder Nichtzugehörigkeit zu einem politischen, konfessionellen oder beruflichen Verein oder einem militärischen Verband abhängig gemacht werden darf. Sie **dürfen nicht** bestimmen, daß die Einstellung von der Zugehörigkeit zu einem bestimmten Geschlecht abhängig sein soll.

Es empfiehlt sich, weitergehende Bestimmungen als die vorangegebenen **Mußbestimmungen** nicht zum Inhalte

*) Wo ein Angestellten- oder Arbeiterrat nicht besteht, sind keine Richtlinien zu vereinbaren.

der Richtlinien zu machen, denn innerhalb des Rahmens dieser Richtlinien ist der Arbeitgeber bei der Einstellung vollständig frei.

Wird gegen die vereinbarten Richtlinien verstoßen, so kann der Arbeiterrat bezw. Angestelltenrat binnen **fünf** Tagen nach Kenntnis von dem Verstoß, jedoch nicht später als **vierzehn** Tage nach dem Dienstantritt, Einspruch erheben.

Die Gründe für den Einspruch und die Beweisunterlagen sind vom Arbeiterrat bezw. Angestelltenrat bei den Verhandlungen mit dem Arbeitgeber vorzubringen.

Wird bei diesen Verhandlungen eine Einigung nicht erzielt, so kann der Arbeiterrat bezw. Angestelltenrat binnen **drei** Tagen nach Beendigung der Verhandlungen den zuständigen Schlichtungsausschuß anrufen.

Über den Einspruch wird im Schlichtungsverfahren endgültig entschieden. Vor der Entscheidung ist der Eingestellte tunlichst zu hören. Geht die Entscheidung dahin, daß ein Verstoß gegen die vereinbarten Richtlinien vorliegt, so kann darin zugleich ausgesprochen werden, daß das Dienstverhältnis des Eingestellten als mit dem Eintritt der Rechtskraft der Entscheidung unter Einhaltung der gesetzlichen Kündigungsfrist gekündigt gilt. Die Entscheidung schafft Recht zwischen dem beteiligten Arbeitgeber und Arbeitnehmer.

B. **Entlassung.** Bei den Bestimmungen über Entlassung ist zunächst zu unterscheiden, ob die Entlassung aus in der Person des Arbeitnehmers liegenden Gründen erfolgt oder zur Verminderung der Arbeitnehmerzahl (Einschränkung oder Stillegung). Im Falle der Entlassung aus persönlichen Gründen kommt, wenn es sich nicht um Mitglieder von Betriebsvertretungen handelt, das weiterhin unter a, — wenn es sich um Mitglieder der Betriebsvertretung handelt, das weiterhin unter b, — im Falle der Entlassung zur Verminderung der Arbeitnehmerzahl das weiterhin unter c dargelegte Verfahren in Betracht.

Das Verfahren unter a und b hat zur Voraussetzung, daß in den betreffenden Betrieben ein Angestellten- oder Arbeiterrat besteht. Ist das nicht der Fall, besteht vielmehr nur ein Betriebsobmann bezw. Betriebsobleute oder überhaupt keine Betriebsvertretung, so ist der Arbeitgeber bei Entlassung, soweit dieselbe nicht zur Verminderung der Arbeitnehmerzahl erfolgt, demnach eine Ersatzeinstellung für den ausscheidenden Arbeitnehmer erfolgt, keiner Beschränkung unterworfen. In diesen Fällen ist somit auch die Zuständigkeit des Schlichtungsausschusses nicht gegeben.

a) **Verfahren bei Entlassung von Arbeitnehmern, die nicht Mitglied einer Betriebsvertretung sind.***)

Arbeitnehmer können im Falle der Kündigung seitens des Arbeitgebers binnen **fünf** Tagen nach der Kündigung Einspruch durch Anrufung des Arbeiter- oder Angestelltenrates erheben:

1. wenn der begründete Verdacht vorliegt, daß die Kündigung wegen der Zugehörigkeit zu einem bestimmten Geschlechte, wegen politischer, militärischer, konfessioneller oder gewerkschaftlicher Betätigung oder wegen Zugehörigkeit oder Nichtzugehörigkeit zu einem politischen, konfessionellen oder beruflichen Verein oder einem militärischen Verbande erfolgt ist;
2. wenn die Kündigung ohne Angabe von Gründen erfolgt ist**);
3. wenn die Kündigung deshalb erfolgt ist, weil der Arbeitnehmer sich weigerte, dauernd andere Arbeit, als die bei der Einstellung vereinbarte, zu verrichten;
4. wenn die Kündigung sich als eine unbillige, nicht durch das Verhalten des Arbeitnehmers oder durch die Verhältnisse des Betriebes bedingte Härte darstellt;
5. wenn die Kündigung fristlos aus einem Grunde, der nach dem Gesetz zur Kündigung des Dienstverhältnisses ohne Einhaltung einer Kündigungsfrist berechtigt, erfolgt ist. In diesem Falle kann der Einspruch darauf gestützt werden, daß ein solcher Grund nicht vorliegt***).

Nach Ablauf der Kündigungsfrist scheidet der Arbeitnehmer aus dem Betriebe ohne Rücksicht auf das Einspruchsverfahren aus, unbeschadet der Möglichkeit, daß der Schlichtungsausschuß nachträglich die Fortsetzung des Dienstverhältnisses oder die Zahlung einer Entschädigung an den Arbeitnehmer anordnet.

Bei der Anrufung des Angestellten- bezw. Arbeiterrates müssen die Gründe des Einspruchs dargelegt und die Beweise ihrer Berechtigung vorgebracht werden. Erachtet der Angestelltenrat bezw. Arbeiterrat die Anrufung für begründet, so hat er zu versuchen, durch Verhandlungen eine Verständigung mit dem Arbeitgeber herbeizuführen. Gelingt diese Ver-

*) Betriebsvertretung bedeutet stets Betriebsrat, Angestelltenrat, Arbeiterrat, Betriebsobmann usw. wie oben Abschnitt II.

**) Es empfiehlt sich daher, die Gründe der Kündigung stets anzugeben.

***) Im Falle Ziffer 5 kann der Arbeitnehmer auch das ordentliche Gericht anrufen. In diesem Verfahren kann aber die Festsetzung einer Entschädigungssumme (S. 19) nicht erfolgen.

ständigung **binnen einer Woche** nicht, so kann der Arbeiter- bezw. Angestelltenrat oder der betroffene Arbeitnehmer binnen weiteren **fünf** Tagen den Schlichtungsausschuß anrufen.

Versäumnis der Fristen bewirkt Verlust des Einspruchsrechtes, es sei denn, daß die Versäumnis durch Naturereignisse oder andere unabwendbare Zufälle verursacht ist.

Eine unmittelbare Anrufung des Schlichtungsausschusses unter Übergehung des Angestellten- bezw. Arbeiterrates ist unzulässig. Erachtet letzterer den Einspruch als **unbegründet,** so stehen dem Arbeitnehmer weitere Schritte gegen die Kündigung nicht zur Verfügung, mit Ausnahme des Falles der fristlosen Entlassung, in welchem Falle der entlassene Arbeitnehmer auch vor dem ordentlichen Gericht seine Ansprüche geltend machen kann.

Das gesetzliche Schlichtungsverfahren.*)

Die Entscheidung im gesetzlichen Schlichtungsverfahren ist endgültig. Geht die Entscheidung dahin, daß der Einspruch gegen die Kündigung gerechtfertigt ist, so ist zugleich für den Fall, daß der Arbeitgeber die Weiterbeschäftigung ablehnt, ihm eine Entschädigungspflicht aufzuerlegen. Die Entschädigung bemißt sich nach der Zahl der Jahre, während deren der Arbeitnehmer in dem Betrieb insgesamt beschäftigt war, und darf für jedes Jahr bis zu einem Zwölftel des letzten Jahresarbeitsverdienstes betragen, jedoch im ganzen nicht über sechs Zwölftel hinausgehen. Dabei ist sowohl auf die wirtschaftliche Lage des Arbeitnehmers als auch auf die wirtschaftliche Leistungsfähigkeit des Arbeitgebers angemessene Rücksicht zu nehmen. Die Entscheidung schafft Recht zwischen dem beteiligten Arbeitgeber und Arbeitnehmer.

Innerhalb **dreier** Tage nach Kenntnis von dem Eintritt der Rechtskraft der im Schlichtungsverfahren ergangenen Entscheidung hat der **Arbeitgeber** dem Arbeitnehmer mündlich oder durch Aufgabe zur Post zu erklären, ob er die Weiterbeschäftigung oder die Entschädigung wählt. **Erklärt er sich nicht, so gilt die Weiterbeschäftigung als abgelehnt,** so daß der Arbeitnehmer alsdann ein Recht auf die festgesetzte Entschädigungssumme hat.

*) Eine Neuregelung des Schlichtungsverfahrens wird von der Reichsregierung vorbereitet. Es ist ein erheblich verbessertes Verfahren in zwei Instanzen vorgesehen. Bis dahin hat es bei dem bisherigen Verfahren vor dem Schlichtungsausschuß sein Bewenden. Mit Rücksicht auf die vielfach unklare Rechtslage empfiehlt es sich, in jedem Falle die Beratung des Arbeitgeberverbandes in Anspruch zu nehmen.

Im Falle der Weiterbeschäftigung ist der Arbeitgeber verpflichtet, dem Arbeitnehmer, falls inzwischen die Entlassung erfolgt war, für die Zeit zwischen der Entlassung und der Weiterbeschäftigung Lohn oder Gehalt unter Abzug anderweitigen Erwerbs, etwaiger Ersparnisse des Arbeitnehmers an Fahrtkosten und dgl., sowie etwaiger Unterstützungen aus öffentlichen Mitteln zu gewähren *)

Der **Arbeitnehmer ist berechtigt,** falls er inzwischen einen neuen Dienstvertrag abgeschlossen hat, die Weiterbeschäftigung bei dem früheren Arbeitgeber zu verweigern. Er hat hierüber unverzüglich nach Empfang der Erklärung des Arbeitgebers über Weiterbeschäftigung oder Zahlung der Entschädigung, spätestens aber eine Woche nach Kenntnis der Rechtskraft der im Schlichtungsverfahren ergangenen Entscheidung dem Arbeitgeber mündlich oder durch Aufgabe zur Post eine Erklärung abzugeben. Erklärt er sich nicht, so erlischt das Recht der Verweigerung. Macht er von seinem Verweigerungsrecht Gebrauch, so ist ihm, falls inzwischen die Entlassung erfolgt war, Lohn oder Gehalt nur für die Zeit zwischen der Entlassung und dem Eintritt der Rechtskraft der im Schlichtungsverfahren ergangenen Entscheidung zu gewähren. Anderweitiger Erwerb, Ersparnisse des Arbeitnehmers an Fahrtkosten und dgl., sowie etwa erhaltene Unterstützungen aus öffentlichen Mitteln sind abzuziehen.*)

b) Verfahren bei Entlassung von Mitgliedern der Betriebsvertretung.

Zur Kündigung des Dienstverhältnisses des Mitgliedes einer Betriebsvertretung oder zu seiner Versetzung in einen anderen Betrieb bedarf der Arbeitgeber **der Zustimmung der betreffenden Betriebsvertretung,** zur Kündigung eines Betriebsobmannes der Zustimmung der Mehrheit der wahlberechtigten Arbeitnehmer des Betriebes.

Wird die Zustimmung versagt, so ist der Arbeitgeber berechtigt, den Schlichtungsausschuß anzurufen. Bis zur Entscheidung des Schlichtungsausschusses ist der Arbeitnehmer im Gegensatz zur Entlassung außerhalb der Betriebsvertretung stehender Arbeitnehmer weiter im Betriebe zu beschäftigen.**)

*) Letzterer Abzug muß vorgenommen werden, denn der Arbeitgeber ist verpflichtet, die abgezogenen Unterstützungen aus öffentlichen Mitteln an die betreffenden Kassen zurückzuerstatten.

) **Der Arbeitgeber kann ihn jedoch bis zur Entscheidung beurlauben.

Die Zustimmung ist **nicht** erforderlich bei fristlosen Kündigungen aus einem Grunde der **nach dem Gesetz** zur Kündigung des Dienstverhältnisses ohne Einhaltung einer Kündigungsfrist berechtigt. In diesem Falle besteht jedoch das Recht des Einspruchs des Arbeitnehmers gemäß oben Ziffer 5 und der Anrufung des ordentlichen Gerichtes. Die Pflicht zur Weiterbeschäftigung besteht in diesem Falle nicht.

c. Arbeitsstreckung und Entlassung infolge teilweiser oder gänzlicher Stillegung des Betriebes*).

1. **Streckung der Arbeit unter Kürzung der Bezüge.** Will der Arbeitgeber infolge teilweiser oder gänzlicher Stillegung des Betriebes zu Entlassungen schreiten und ist eine Einigung hierüber mit den beteiligten Arbeitnehmern**) nicht herbeizuführen, so muß der Arbeitgeber zunächst eine Kürzung der Arbeitszeit bis zu 24 Stunden Wochenarbeitszeit vornehmen. Diese Kürzung kann unterbleiben, wenn sie dem Arbeitgeber nach den Verhältnisssen des Betriebes nicht zugemutet werden kann. Lohn bezw. Gehalt sind vom Zeitpunkte des Ablaufes der für den betr. Arbeitnehmer geltenden Kündigungsfrist entsprechend der Arbeitsstreckung zu kürzen***).

2. **Entlassung aus Gründen der Einschränkung oder Stillegung des Betriebes.** Ergibt sich trotzdem die Notwendigkeit von Entlassungen, so hat der Arbeitgeber sich vor der Kündigung einer größeren Zahl von Arbeitnehmern mit dem Betriebsrat über Art und Umfang der Entlassungen sowie über die Vermeidung von Härten ins Benehmen zu setzen. Bei Entlassung einer größeren Anzahl Arbeitnehmer kann der Betriebsrat eine Mitteilung an die Zentralauskunftsstelle für Arbeitsnachweis verlangen. Im übrigen ist hiermit nur eine Erörterung bezw. Beratung vorgeschrieben, **die endgültige Entscheidung trifft allein der Arbeitgeber.**

*) Eine teilweise Stillegung liegt schon dann vor, wenn die Entlassung zur Verminderung der Arbeitnehmerzahl erfolgen soll.

**) Einigung mit der Betriebsvertretung genügt nicht.

***) Die Fristberechnung beginnt mit dem Zeitpunkt der Erklärung des Arbeitgebers, daß er von einem näher zu bezeichnenden Zeitpunkte an für seinen ganzen Betrieb oder einen Teil die ebenfalls näher zu bezeichnende Kürzung der Arbeitszeit vornehmen und den beteiligten Arbeitnehmern Lohn bezw. Gehalt nach Ablauf der Kündigungsfrist entsprechend mindern werde. Es dürfte zweckmäßig sein, in allen Fällen beabsichtigter Arbeitsstreckung sich vorher mit dem Arbeitgeberverband ins Benehmen zu setzen.

Er soll jedoch zur Vermeidung von Härten die gesetzlichen Bestimmungen über die **Auswahl** der zu entlassenden Arbeitnehmer beachten. Danach sind zunächst die **Betriebsverhältnisse,** insbesondere die Ersetzbarkeit des einzelnen Arbeitnehmers im Verhältnis zur Wirtschaftlichkeit des Betriebes, sodann das Lebens- und Dienstalter sowie der Familienstand des Arbeitnehmers derart zu berücksichtigen, daß die älteren, eingearbeiteten Arbeitnehmer und diejenigen mit unterhaltsbedürftigen Angehörigen möglichst in ihrer Arbeitsstelle zu belassen sind.

Ein Einspruch an den Angestellten- oder Arbeiterrat gemäß Ziffer a dieses Abschnittes steht gegen die aus dem Grunde teilweiser oder gänzlicher Stillegung des Betriebes ausgesprochene Kündigung dem betroffenen Arbeitnehmer nicht zu. Auch für die Kündigung von Mitgliedern der Betriebsvertretung bedarf in diesem Falle der Arbeitgeber nicht der Zustimmung der Betriebsvertretung bezw. der Mehrheit der Arbeitnehmer. Es kann lediglich ein Antrag an den Schlichtungsausschuß auf Wiedereinstellung wegen Verletzung der oben angeführten Bestimmungen über die **Auswahl** der zu entlassenden Arbeitnehmer gemäß der Verordnung vom 10. Februar 1920 in Frage kommen. Auf die gemäß S. 18 zum Einspruch berechtigenden Gründe kann dieser Antrag nicht gestützt werden.

X. Die Geschäftsführung der Betriebsvertretung und ihre Verhandlungen mit dem Arbeitgeber.

A. Die Geschäftsführung des Betriebsrates sowie des Angestellten- und Arbeiterrates richtet sich nach den gesetzlichen Bestimmungen. Eine etwaige weitergehende Geschäftsordnung darf den gesetzlichen Bestimmungen nicht entgegenstehen.

Die Betriebsvertretung wählt einen 1. und 2. Vorsitzenden. Der Vorsitzende leitet die Geschäfte und Sitzungen der Betriebsvertretung; er vertritt die Betriebsvertretung gegenüber dem Arbeitgeber und dem Schlichtungsausschuß. Auf Verlangen von einem Viertel der Betriebsvertretung hat der Vorsitzende eine Sitzung anzuberaumen und den beantragten Beratungsgegenstand auf die Tagesordnung zu setzen. Das Gleiche gilt, **wenn der Arbeitgeber es beantragt.** Der Arbeitgeber kann an diesen von ihm beantragten Sitzungen sowie auch dann teilnehmen, wenn er e i n g e l a d e n ist. E s k a n n ihm in den Sitzungen der Vorsitz übertragen werden. Stimmrecht hat er nicht. E r k a n n a u c h e i n e n m i t V o l l m a c h t v e r s e h e n e n V e r t r e t e r z u d e n S i t z u n g e n e n t s e n d e n.

Die Sitzungen sind nicht öffentlich. Sie haben möglichst außerhalb der Arbeitszeit stattzufinden. Muß eine Sitzung innerhalb der Arbeitszeit stattfinden, so ist der Arbeitgeber rechtzeitig zu benachrichtigen*). Die Betriebsvertretung ist beschlußfähig, wenn alle Mitglieder unter Angabe der Tagesordnung geladen sind und mindestens die Hälfte anwesend ist. Stellvertretung durch die nächsten Angestellten bezw. Arbeiter der Wahlliste des vertretenen Mitgliedes ist zulässig. Beschlüsse bedürfen der Stimmenmehrheit. Über jede Sitzung ist eine **Niederschrift** aufzunehmen. Sie ist vom Vorsitzenden und einem weiteren Mitglied zu unterzeichnen. **Nimmt der Arbeitgeber an der Sitzung teil** und hat er eine Erklärung abgegeben, so ist die Niederschrift auch ihm zur Unterzeichnung vorzulegen. Dem Arbeitgeber ist eine Abschrift der Niederschrift aller Verhandlungen zu übergeben, an denen er teilzunehmen **berechtigt** war.

Die Anrufung des Schlichtungsausschusses ist erst zulässig, wenn mit dem Arbeitgeber nach rechtzeitiger Einladung unter Mitteilung der Tagesordnung die strittige Angelegenheit verhandelt worden oder wenn der Arbeitgeber oder sein Vertreter trotz rechtzeitiger Einladung nicht erschienen ist.

Sprechstunden darf nur der Betriebsrat einrichten, und zwar nur in Betrieben mit über 100 Arbeitnehmern. Soll die Sprechstunde innerhalb der Arbeitszeit liegen, so ist das Einverständnis des Arbeitgebers erforderlich.

Kosten der Geschäftsführung der Betriebsvertretungen einschließlich etwaiger Aufwandsentschädigungen hat der Arbeitgeber zu tragen. Für die Sitzungen, die Sprechstunden und die laufende Geschäftsführung hat er die nach Umfang und Beschaffenheit des Betriebs und der gesetzlichen Aufgaben der Betriebsvertretung erforderlichen Räume und Geschäftsbedürfnisse zu Verfügung zu stellen.

Die Erhebung und Leistung von Beiträgen der Arbeitnehmer für irgendwelche Zwecke der Betriebsvertretung ist unzulässig. Notwendige Versäumnis von Arbeitszeit darf für die Mitglieder der Betriebsvertretung eine Minderung von Lohn oder Gehalt nicht zur Folge haben.

B. **Die Geschäftsführung des Betriebsobmannes.** Die vorstehenden Ausführungen über die Kosten der Geschäftsführung usw. finden auf die Tätigkeit des Betriebsobmannes sinngemäße Anwendung.

*) Werden Sitzungen unberechtigterweise innerhalb der Arbeitszeit abgehalten, so ist Lohnkürzung gestattet.

XI. Betriebsversammlung.

Die Einberufung der Betriebsversammlung erfolgt durch den Betriebsrat; sie **muss** einberufen werden, wenn der Arbeitgeber oder ¼ der Arbeitnehmer es beantragen. Die Betriebsversammlung findet grundsätzlich außerhalb der Arbeitszeit statt. Die Anberaumung während der Arbeitszeit ist nur in dringenden Fällen und nach vorheriger Zustimmung des Arbeitgebers statthaft.

Die Betriebsversammlung ist kein selbständiges Organ der Arbeitnehmerschaft im Verhältnis zum Arbeitgeber. Sie kann nur Wünsche und Anträge innerhalb des Geschäftskreises des Betriebsrates an den Betriebsrat richten. Eine weitergehende Betätigung der Betriebsversammlung ist nicht zu dulden. Im anderen Falle ist gerade die Einrichtung der Betriebsversammlungen geeignet, außerordentlich schädigend zu wirken.

Teilnehmer der Betriebsversammlung sind alle, auch die nicht wahlberechtigten Arbeitnehmer (z. B. Lehrlinge). Alle Teilnehmer haben Stimmrecht. - An Versammlungen, zu denen der Arbeitgeber eingeladen ist oder deren Einberufung er beantragt hat, können der Arbeitgeber oder sein Stellvertreter ohne Stimmrecht teilnehmen. Es kann dem Arbeitgeber der Vorsitz in der Betriebsversammlung seitens des Betriebsrates übertragen werden.

Neben der Betriebsversammlung sind auch Sonderbetriebsversammlungen der Angestellten und Arbeiter zulässig; an Stelle des Betriebsrates tritt dann der Angestelltenrat bezw. Arbeiterrat. Im übrigen gelten die gleichen Bestimmungen.

Selbstverständlich kann der Arbeitgeber auch selbständig eine Versammlung sämtlicher Betriebsangehörigen während der Arbeitszeit einberufen. Diese Versammlung ist dann keine „Betriebsversammlung“ und die betreffenden gesetzlichen Vorschriften finden hierbei keine Anwendung.

XII. Erlöschen der Mitgliedschaft in den Betriebsvertretungen und das Verfahren bei Verletzung der gesetzlichen Pflichten seitens der Mitglieder einer Betriebsvertretung.

Die Mitgliedschaft in den Betriebsvertretungen endigt:

1. durch Ablauf der Wahlzeit;
2. durch Niederlegung seitens der Mitglieder;
3. durch Beendigung des Arbeitsvertrages;

4. durch Beschluß des Schlichtungsausschusses im Falle gröblicher Pflichtverletzung, wenn der Arbeitgeber oder ein Viertel der wahlberechtigten Arbeitnehmer es beantragen.

Die Beendigung der Mitgliedschaft im Betriebsrat hat den Verlust der Mitgliedschaft im Angestellten- oder Arbeiterrat zur Folge und umgekehrt. An die Stelle des ausgeschiedenen Mitgliedes tritt der nächstfolgende Arbeitnehmer der bei der letzten Wahl gewählten Vorschlagsliste ein. Gemäß dem oben Ziffer 4 angegebenen Verfahren kann auch die Auflösung der ganzen Betriebsvertretung erfolgen.

Eine gröbliche Pflichtverletzung der Mitglieder der Betriebsvertretung gibt dem Arbeitgeber auch das Recht zur fristlosen Entlassung. Bei dem besonderen Amt der Mitglieder der Betriebsvertretung ist die Frage des Vorliegens eines wichtigen Grundes zur fristlosen Entlassung besonders zu prüfen, z. B. liegt ein solcher Grund jedenfalls vor, wenn die Pflicht zur Geheimhaltung vertraulicher Mitteilungen des Arbeitgebers verletzt wird (siehe Abschnitt V C 3).

XIII. **Arbeitgeber- und Arbeitnehmerverbände.**

Das Gesetz erkennt die wirtschaftlichen Interessenverbände der Arbeitgeber und Arbeitnehmer als berechtigte Interessenvertretungen n e b e n den Betriebsvertretungen an. Die Betriebsvertretungen sollen einerseits nicht an die Stelle der gewerkschaftlichen Verbände treten, andererseits sich aber auch nicht als bloße Hilfsorgane der Gewerkschaften betätigen, vielmehr hauptsächlich die Verbindung zwischen der Gewerkschaft und dem Arbeitgeber und seinen Organisationen bewirken. Sie sollen die Kenntnis der wirtschaftlichen Eigenart ihres Betriebes in den Verhandlungen der Vereinigungen der Arbeitnehmerschaft und Arbeitgeberschaft zur Herbeiführung wirtschaftsfördernder Vereinbarungen zur Geltung bringen und in diesem Sinne auf die Abschwächung der Gegensätze zwischen den beiderseitigen Vereinigungen und Herbeiführung einer Arbeitsgemeinschaft zum Vorteile des Wohles der Allgemeinheit hinarbeiten. Demgemäß ist die Mitwirkung der Vereinigungen bei den Verhandlungen zwischen Arbeitgeber und Betriebsvertretung vom Gesetze vorgesehen.

Der Arbeitgeber kann verlangen, daß je ein Beauftragter der wirtschaftlichen Vereinigungen, denen er angehört, an den Sitzungen der Betriebsvertretungen, an denen er teilzunehmen berechtigt ist*) (siehe Abschnitt X), hinzugezogen wird.**).

Die Arbeitnehmer können auf Antrag von einem Viertel der Mitglieder des Betriebsrates verlangen, daß je ein Beauftragter der im Betriebsrat vertretenen wirtschaftlichen Vereinigungen der Arbeitnehmer zu den Sitzungen der Betriebsvertretungen hinzugezogen wird.

An den **Betriebsversammlungen** kann je ein Beauftragter der im Betriebe vertretenen wirtschaftlichen Vereinigungen der Arbeitnehmer auch ohne Einladung seitens des Betriebsrates mit beratender Stimme teilnehmen. Die gleiche Bestimmung ist im Gesetze für die wirtschaftlichen Vereinigungen des Arbeitgebers nicht getroffen. Gleichwohl muß in analoger Anwendung der Bestimmungen über die Zuziehung von Vertretern der Arbeitgeberorganisationen zu den Sitzungen der Betriebsvertretungen der Standpunkt vertreten werden, daß auch Beauftragte der wirtschaftlichen Vereinigungen des Arbeitgebers an den Betriebsversammlungen mit beratender Stimme teilzunehmen berechtigt sind. Erforderlichenfalls würde die dem Arbeitgeber ganz allgemein gegebene Möglichkeit, zu den Betriebsversammlungen, an denen er teilzunehmen berechtigt ist (siehe Abschnitt XI), einen Vertreter zu entsenden, zum gleichen Ergebnis führen.

Auch in bezug auf die übrigen schon nach den früheren gesetzlichen Bestimmungen den wirtschaftlichen Vereinigungen der Arbeitnehmer erteilten Befugnisse, die Interessen ihrer Mitglieder zu vertreten, ist durch die Vorschrift des Betriebsrätegesetzes eine Änderung nicht erfolgt.

XIV. Verfahren bei Streitigkeiten.

Die Entscheidung von Streitigkeiten erfolgt entweder im gesetzlichen Schlichtungsverfahren, im Verfahren vor den ordentlichen Gerichten oder durch den Bezirkswirtschaftsrat bezw. dessen Ersatzbehörde.

1. Im gesetzlichen Schlichtungsverfahren sind Streitigkeiten über Dienstvorschrift und Arbeitsordnung sowie über Einstellung und Entlassung zu entscheiden. Das Nähere hierüber ist in Abschnitt VIII und IX bereits ausgeführt.

---

*) Er braucht also nicht notwendig persönlich teilzunehmen.

**) Die Einladung des Arbeitgeberverbandes hat durch die betr. Betriebsvertretung zu erfolgen. Kommt diese dem Ersuchen des Arbeitgebers nicht nach, so sind die Beschlüsse der betr. Versammlung ungültig.

2. Im Verfahren vor den ordentlichen Gerichten sind Streitigkeiten über fristlose Entlassung aus wichtigem Grunde zu entscheiden (siehe Abschnitt IX B 5).

3. Der Bezirkswirtschaftsrat entscheidet bei Streitigkeiten über:
a. die Notwendigkeit der Errichtung, die Bildung und Zusammensetzung einer Betriebsvertretung im Sinne dieses Gesetzes;
b. Wahlberechtigung oder Wählbarkeit eines Arbeitnehmers;
c. Einrichtung, Zuständigkeit und Geschäftsführung der Betriebsvertretungen und der Betriebsversammlung;
d. die Notwendigkeit von Geschäftsführungskosten der Betriebsvertretungen;
e. alle Streitigkeiten, die sich aus den in diesem Gesetze vorgeschriebenen Wahlen ergeben.

Bezirkswirtschaftsräte bestehen zurzeit noch nicht. Das Gesetz über ihre Errichtung ist in Vorbereitung.

Solange Bezirkswirtschaftsräte nicht bestehen, tritt für gewerbliche Betriebe der Gewerbeinspektor an die Stelle, gegen dessen Entscheidung die Beschwerde an den Regierungspräsidenten gegeben ist.

In allen Streitfällen ist der Arbeitgeberverband zur Vermeidung überflüssiger Verfahren und Herbeiführung einheitlicher Stellungnahme der Arbeitgeberschaft zuzuziehen.

XV. **Strafbestimmungen.**

Das Gesetz stellt unter **Geld- oder Gefängnisstrafe:**

A. den Arbeitgeber:

1. bei Nichterfüllung der Pflicht zur Bestellung eines Wahlvorstandes bezw. Wahlleiters (Abschnitt IV);
2. bei Unterlassung oder nicht rechtzeitiger Erfüllung der Pflichten auf Berichterstattung und Auskunfterteilung (Abschnitt V D 1 und V B 1);
3. bei Erstattung falscher Angaben in Erfüllung der unter Ziffer 2 und V B 2 aufgeführten Pflichten, wenn die falschen Angaben zum Zwecke der Täuschung und in der Absicht erfolgen, den Arbeitnehmern Schaden zuzufügen;
4. bei Beschränkung oder Benachteiligung von Arbeitnehmern in oder wegen ihrer Wahlausübung oder der Übernahme und Ausübung der gesetzlichen Betriebsvertretung;

B. den Arbeitnehmer bei unbefugter Offenbarung „vertraulicher“ Angaben, Betriebs- oder Geschäftsgeheimnisse, die ihm als Angehörigen einer Betriebsvertretung bekannt geworden und als solche bezeichnet worden sind. Verschärfte Strafe tritt ein, wenn diese Tat in der Absicht begangen ist, sich oder einem andern einen Vermögensvorteil zu verschaffen oder dem Arbeitgeber Schaden zuzufügen.

Die Strafverfolgung gegen den Arbeitgeber tritt nur auf Antrag der Betriebsvertretung, gegen den Arbeitnehmer nur auf Antrag des Unternehmers ein. Der Antrag ist **innerhalb 3 Monaten** seit Kenntnis der Tat und des Täters zu stellen. Die Zurücknahme des Antrages ist bis zur Verkündung eines auf Strafe lautenden Urteils zulässig.

FSC
www.fsc.org
MIX
Papier | Fördert gute Waldnutzung
FSC® C083411

Kolibri 360 GmbH
Ferdinand-Jühlke-Straße 7
99095 Erfurt, Deutschland
produktsicherheit@kolibri360.de